NERUDA AT ISLA NEGRA

POEMS BY PABLO NERUDA

PHOTOGRAPHS BY MILTON ROGOVIN

EDITED BY
DENNIS MALONEY

TRANSLATED BY
MARIA JACKETTI, DENNIS MALONEY, AND CLARK ZLOTCHEW

WHITE PINE PRESS · FREDONIA, NEW YORK

Translations from *The House in the Sand* reprinted
with the permission of Milkweed Editions.

White Pine Press
10 Village Square
Fredonia, New York 14063

Publication of this book was made possible, in part, by grants
from the National Endowment for the Arts
and the New York State Council on the Arts.

Printed and bound in the United States of America.

Book design: Elaine LaMattina

Library of Congress Cataloging-in-Publication Data

Neruda, Pablo, 1904-1973.
Neruda at Isla Negra / poems by Pablo Neruda ; with photographs by Milton
Rogovin ; translated by Maria Jacketti, Dennis Maloney and Clark Zlotchew.
p.   cm.
English translation with the original Spanish text.
ISBN 1-877727-83-0 (alk. paper)
1. Negra Island (Chile)—Poetry.
2. Neruda, Pablo, 1904-1973—Translations into English.
I. Jacketti, Maria.   II. Maloney, Dennis.   III. Zlotchew, Clark M.   IV. Title.
PQ8097.N4A6   1998   98-14080
861—dc21   CIP

NERUDA AT ISLA NEGRA

LA CASA EN LA ARENA
THE HOUSE IN THE SAND

TRANSLATED BY
DENNIS MALONEY & CLARK ZLOTCHEW

El Mar

El Océano Pacífico se salía del mapa. No había donde ponerlo. Era tan grande, desordenado y azul que no cabía en ninguna parte. Por eso lo dejaron frente a mi ventana.

Los humanistas se preocuparon de los pequeños hombres que devoró en sus años: No cuentan.

Ni aquel galeón cargado de cinamono y pimienta que lo perfumó en el naufragio. No.

Ni la embarcación de los descubridores que rodó con sus hambrientos, frágil como una cuna desmantelada en el abismo.

No.

El hombre en el océano se disuelve como un ramo de sal, Y el agua no lo sabe.

The Sea

The Pacific Ocean was overflowing the borders of the map. There was no place to put it. It was so large, wild and blue that it didn't fit anywhere. That's why it was left in front of my window.

The humanists worried about the little men it devoured over the years.

They do not count.

Not even that galleon, laden with cinnamon and pepper that perfumed it as it went down.

No.

Not even the explorers' ship—fragile as a cradle dashed to pieces in the abyss—which keeled over with its starving men.

No.

In the ocean, a man dissolves like a bar of salt. And the water doesn't know it.

La Llave

Pierdo la llave, el sombrero, la cabeza! La llave es la del almacén de Raúl, en Temuco. Estaba afuera, inmensa, perdida, indicando a los indios el almacén "La Llave." Cuando me vine al Norete se la pedí a Raúl, se la arranqué, se la robé entre borrasca y ventolera. Me la llevé a caballo hacia Loncoche. Desde allí la llave, como una novia blanca, me acompaño en el tren nocurno.

Me he dado cuenta de que cuanto extravío en la casa se lo ha llevado el mar. El mar se cuela de noche por agujeros de cerraduras, por debajo y por encima de puertas y ventanas.

Como de noche, en la oscuridad, el mar es amarillo, yo sospeché sin comprobar su secreta invasión. Encontraba en el paragüero, o en las dulces orejas de María Celeste gotas de mar metálico, átomos de su máscara de oro. Porque el mar es seco de noche. Guardó su dimensión, su poderío, su oleaje, pero se transformó en una gran copa de aire sonoro, en un volumen inasible que se despojó de sus aguas. Por eso entra en mi casa, a saber qué tengo y cuánto tengo. Entra de noche, antes del alba: todo queda en la casa quieto y salobre, los platos, los cuchillos, las cosas restregadas por su salvaje contacto no perdieron nada, pero se asustaron cuando el mar entró con todos sus ojos de gato amarillo.

Así perdí la llave, el sombrero, la cabeza.

Se los llevó el océano en su vaivén. Una nueva mañana las encuentro. Porque me las devuelve una ola mensajera que deposita cosas perdidas a mi puerta.

Así, por arte de mar la mañana me ha devuelto la llave blanca de mi casa, mi sombrero enarenado, mi cabeza de náufrago.

The Key

I lost my key, my hat, my head! The key came from Raul's general store in Temuco. It was outside, immense, lost, pointing out the general store, "The Key," to the Indians. When I came north I asked Raul for it, I tore it from him, I stole it in the midst of fierce and stormy winds. I carried it off toward Loncoche on horseback. From there the key, like a bride dressed in white, accompanied me on the night train.

I have come to realize that everything I misplace in the house is carried off by the sea. The sea seeps in at night through keyholes, underneath and over the tops of doors and windows.

Since by night, in the darkness, the sea is yellow, I suspected, without verifying, its secret invasion. On the umbrella stand or on the gentle ears of Maria Celeste, I would discover drops of metallic sea, atoms of its golden mask. The sea is dry at night. It retains its dimension, its power, and its swells, but turns into a great goblet of sonorous air, into an ungraspable volume that has rid itself of its waters. It enters my house to find out what and how much I have. It enters by night, before dawn: everything in the house is still and salty, the plates, the knives, the things scrubbed by contact with its wildness lose nothing, but become frightened when the sea enters with all its cat-yellow eyes.

That is how I lost my key, my hat, my head.

They were carried off by the ocean in its swaying motion. I found them on a new morning. They are returned to me by the harbinger wave that deposits lost things at my door.

In this way, by a trick of the sea, the morning has returned to me my white key, my sand-covered hat, my head—the head of a shipwrecked sailor.

Las Agatas

Pero de dónde vienen a mis mano sestas ágatas! Cada mañana aparcen frente a mi puerta, y es la arrebatiña auroral, pues algún extraviado pastor de tierra adentro, o González Vera, o Lina o María pueden disputar las pequeñas piedras translúcidas a los Yankas, mariscadores de oficio, que, al pie del mar, acechan la mercadería, y se creen con derecho a cuanto bota la ola.

Lo cierto es que ellos me madrugaron siempre y he aquí una vez más el tesoro que me manda el mar, solo en sus manos, a tanto la piedra o las cien piedras o el kilo o el tonel.

Y en la mano las misteriosas gotas de luz redonda, color de la miel o de ostra, parecidas a uvas que se petrificaron para caber en los versos Genil de Espinosa, suavemente espolvoreadas por alguna deidad cenicienta, horadadas a veces en su centro por algún aguijón de oro, socavadas como por la más diminuta de las olas: ágatas de Isla Negra, neblinosas o celestes, suavemente carmíneas o verdiverdes, o avioletadas o rojizas o ensaladas por dentro como racimos moscateles: y a menudo estáticas de transparencia, abiertas a la luz, entregadas por el panal del océano al albedrío del cristal: a la pura pureza.

The Agates

Where do these agates come from into my hands? Each morning they appear at my doorstep, and it is an early-morning scramble, since some stray shepherd from inland, either Gonzales Vera, or Lina or Maria fights over these small translucent stones with the Yankas, shellfish gatherers by trade, who, at the edge of the sea, lay in wait for merchandise and think they are entitled to whatever the tide casts ashore.

The truth is that they always wake me at dawn, and here again is the treasure the sea sends me, alone in its hands, at so much per stone or per hundred stones or per kilo or per barrel.

And in my hand the mysterious drops of round light, the color of honey or of oyster, resembling petrified grapes in order to fit into Espinosa's poem about the Genil River, softly sprinkled by some ashen deity, at times bored through the center by some golden spur, undermined by the tiniest of waves: agates of Isla Negra, mist-colored or light blue, softly carmine or deep green, or violet or reddish or variegated on the inside like clusters of muscat grapes: and often static with transparency, open to the light surrendered by the honeycomb of the ocean to the whim of the crystal: to purity itself.

La Casa

La casa...No sé cuándo me nació...Era a media tarde, llegamos a caballo por aque-
llas soledades...Don Eladio iba delante, vadeando el estero de Córdoba que se había
crecido...Por primera vez sentí como una punzada este olor a invierno marino, mez-
cla de boldo y arena salada, algas y cardos.

The House

The house...I don't know when this was born in me...It was in the mid-after-
noon, we were on the way to those lonely places on horseback...Don Eladio was in
front, fording the Cordoba stream which had swollen...For the first time I felt the
pang of this smell of winter at the sea, a mixture of sweet herbs and salty sand, sea-
weed and thistle.

El Pueblo

Así como yo me pensé siempre poeta carpintero, pienso que Rafita es poeta de la carpintería. Trae sus herramientas envueltas en un periódico, bajo el brazo, desenrolla lo que me parecía un capítulo y toma los mangos gastados de martillos y escofinas, perdiéndose luego en la madera. Sus obras son perfectas. El chiquillo y el perro lo acompañan y miran sus manos circulando prolijas. El tiene esos ojos de San Juan de la Cruz y esas manos que levantan troncos colosales con tanta fragilidad como sabiduría.

Escribí con tiza los nombres de mis amigos muertos, sobre las vigas de rauli y él fue cortando mi caligrafía en la madera con tanta velocidad como si hubiera ido volando detrás de mí y escribiera otra vez los nombres con la punta de un ala.

The People

Just as I've always thought of myself as a carpenter-poet, I think of Rafita as the poet of carpentry. He brings his tools wrapped in a newspaper, under his arm, and unwraps what looks to me like a chapter and picks up the worn handles of his hammers and rasps, losing himself in the wood. His work is perfect.

A little boy and a dog accompany him and watch his hands as they move in careful circles. His eyes are like those of Saint John of the Cross, and his hands which raise the colossal tree trunks with delicacy as well as skill.

On the rauli wood beams, I wrote with chalk the names of my friends who have died, and he went along carving my calligraphy into the wood as swiftly as if he had flown behind me and written the names again with the tip of a wing.

Los Nombres

No los escribí en la techumbre por grandiosos, sino por compañeros.

Rojas Giménez, el trashumante, el nocturno, traspasado por los adioses, muerto de alegría, palomero, loco de la sombra.

Joaquín Cifuentes, cuyos tercetos rodaban como piedras del río.

Federico, que me hacía reír como nadie y que nos enlutó a todos por un siglo.

Paul Eluard, cuyos ojos color de nomeolvides me parece que siguen celestes y que guardan su fuerza azul bajo la tierra.

Miguel Hernández, silbándome a manera de ruiseñor desde los árboles de la calle de la Princesa antes de que los presidios atraparan a mi ruiseñor.

Nazim, aeda rumoroso, caballero valiente, compañero.

Por qué se fueron tan pronto? Sus nombres no resbalaran de las vigas. Cada uno de ellos fue una victoria. Juntos fueron para mí toda la luz. Ahora, una pequeña antología de mis dolores.

The Names

I didn't write them on the roof-beams because they were famous, but because they were companions.

Rojas Gimenez, the nomad, nocturnal, pierced with the grief of farewells, dead with joy, pigeon breeder, madman of the shadows.

Joaquín Cifuentes, whose verses rolled like stones in the river.

Federico, who made me laugh like no one else could and who put us all in mourning for a century.

Paul Eluard, whose forget-me-not color eyes are as sky-blue as always and retain their blue strength under the earth.

Miguel Hernández, whistling to me like a nightingale from the trees on Princesa Street until they caged my nightingale.

Nazim, noisy bard, brave gentleman, friend.

Why did they leave so soon? Their names will not slip down from the rafters. Each one of them was a victory. Together they were the sum of my light. Now, a small anthology of my sorrows.

La Medusa I

Me ocultaron en Valparaíso. Eran días turbulentos y mi poesía andaba por la calle. Tal cosa molestó al Siniestro, Pidió mi cabeza.

Era en los cerros del Puerto. Los muchachos llegaban por la tarde. Marineros sin barco. Qué vieron en la rada? Van a contármelo todo.

Porque yo, desde mi escondrijo, no podía mirar sino a través de medio cristal de la empinada ventana. Daba sobre un callejón, allá abajo.

La noticia fue que una vieja nave se estaba desguazando. No tendrá una figura en la proa?, pregunté con ansiedad.

Claro que tiene una *mona*, me dijeron los muchachos. Una mona o un mono es para los chlenos la denominación de una estatua imprecisa.

Desde ese momento dirigí las faenas desde la sombra. Como costaba gran trabajo desclavarla, se la darían a quien se la llevara.

Pero la Mascarona debía seguir mi destino. Era muy grande y había que esconderla. Dónde? Por fin, los muchachos hallaron una barraca anónima y extensa. Allí se la sepultó en un rincón mientras yo cruzaba a caballo las cordilleras.

Cuando volví del destierro, años después, habían vendido la barraca (con mi amiga, tal vez). La buscamos. Estaba honestamente erigida, en un jardín de tierra adentro. Ya nadie sabía de quién era ni quién era.

Costó tanto trabajo sacarla del jardín como del mar. Solimano me la llevó una mañana en un inmenso camión. Con esfuerzo la descargamos y la dejamos inclinada frente al océano en la puntilla, sobre el banco de piedra.

Yo no la conocía. Toda la operación del desguace la precisé desde mis tinieblas. Luego nos separó la violencia, más tarde, la tierra.

Ahora, la vi, cubierta de tantas capas de pintura que no se advertían ni orejas ni nariz. Era, sí, majestuosa en su túnica volante. Me recordó a Gabriela Mistral, cuando, muy niño, la conocí en Temuco, y paseaba, desde el moño hasta los zapatones, envuelta en paramentos franciscanos.

The Medusa

They hid me in Valparaiso. Those were turbulent days and my poetry circulated in the street. This disturbed the Sinister One. He demanded my head.

It was in the hills above the port. The boys arrived during the afternoon. Sailors without a ship. What had they seen in the harbor? They would tell me everything.

From my hiding place, I could see only through the glass medium of the lofty window. It looked out over an alley.

The news was that an old ship had broken down. Does it have a figurehead on the prow, I anxiously asked.

Of course it has a *mona*, the boys said. A *mona*, or *mono*, which in ordinary Spanish is a monkey, is for Chileans the term for any kind of statue.

From that moment on I directed the activities from the shadows. Since it was very difficult to take her down, she would be given to whomever carried her off.

But the figurehead was to share my destiny. She was very large, and she had to be hidden. Where? At last, the boys found an anonymous and spacious shed. There she was buried in a corner while I crossed the mountains on horseback.

When I came back from exile, years later, the shed had been sold (perhaps along with my lady-friend). We searched for her. She was proudly erected in someone's garden inland. No one any longer knew whose she was or what she was.

It was as hard to take her out of the garden as it had been to take her out of the sea. Solimano brought her to me one morning in an immense truck. With great effort we unloaded her and left her leaning on the stone bench with her face to the ocean.

I didn't know her. I had directed the entire operation on the wreck from my darkness. Then violence separated us; later, the land did.

Now I saw her, covered with so many coats of paint that neither the ears nor the nose could be seen. She certainly was majestic in her flowing tunic. She reminded me of Gabriela Mistral, when I, a small child, met her in Temuco, when she would walk around wrapped in Franciscan robes from her topknot to her overshoes.

El Ancla

El ancla llegó de Antofagasta. De algún barco muy grande, de aquellos que cargaban salitre hacia todos los mares. Allí estaba durmiendo en los áridos arenales del Norte grande. Un día se le ocurrió a alguien mandármela. Con toda su grandeza y su peso fue un viaje difícil, de camión a grúa, de barco a tren, a puerto, a barco. Cuando llegó a mi puerta no quiso moverse más. Trajeron un tractor. El ancla no cedió. Trajeron cuatro bueyes. Estos la arrastraron en una corta carrera frenética, y entonces sí se movió, hasta quedarse reclinada entre las plantas de la arena.

—La pintarás? Se está oxidando.

No importa. Es poderosa y callada como si continuara en su nave y no la desgañitara el viento corrosivo. Me gusta esa escoria que la va recubriendo con infinitas escamas de hierro anaranjado.

Cada uno envejece a su manera y el ancla se sostiene en la soledad como en su nave, con dignidad. Apenas si se le va notando en los brazos el hierro deshojado.

The Anchor

The anchor arrived from Antofagasta. From some very large ship, the kind that hauls potassium nitrate across the seven seas. It was sleeping there in the arid sands of the great North. One day it occurred to someone to send it to me. With its great size and weight it was a difficult voyage, from truck to crane, from ship to train, to harbor, to ship. When it arrived at my door, it refused to move any further. They brought a tractor. The anchor didn't budge. They brought several oxen, which dragged it along in a short, frantic run, and then it did move, to remain leaning against the plants in the sand.

"Will you paint it? It's rusting."

It doesn't matter. It is powerful and silent as though it were still on its vessel and the corrosive wind was not attacking it in all its fury. I like the dross that little by little is covering it with infinite scales of orange iron.

Everyone ages in his or her own way, and the anchor bears up in solitude as it did on its vessel, with dignity. One hardly notes the flaked-off iron on its arms.

Amor Para Este Libro

En estas soledades he sido poderoso
de la misma manera que una herramienta alegre
o como hierba impune que suelta sus espigas
o como un perro que se revuelca en el rocío.
Matilde, el tiempo pasará gastando y encendiendo
otra piel, otras uñas, otros ojos, y entonces
el alga que azotaba nuestras piedras bravías,
la ola que construye, sin cesar, su blancura,
todo tendrá firmeza sin nosotros,
todo estará dispuesto para los nuevos días,

Qué dejamos aquí sino el grito perdido
que no conocerán nuestro destino
del queltehue, en la arena del invierno, en la racha
que nos cortó la cara y nos mantuvo
erguidos en la luz de la pureza,
como en el corazón de una estrella preclara?

Qué dejamos viviendo como un nido
de ásperas aves, vivas, entre los matorrales
o estáticas, encima de los fríos peñascos?
Así, pues, si vivir fue sólo anticiparse
a la tierra, a este suelo y su aspereza
líbrame tú, amor mío, de no cumplir, y ayúdame
a volver a mi puesto bajo la tierra hambrienta.

Pedimos al océano su rosa,
su estrella abierta, su contacto amargo,
y al agobiado, al ser hermano, al herido
dimos la libertad recogida en el viento.
Es tarde ya. Tal vez
sólo fue un largo día color de miel y azul,
tal vez sólo una noche, como el párpado
de una grave mirada que abarcó
la medida del mar que nos rodeaba,
y en este territorio fundamos sólo un beso,
sólo inasible amor que aquí se quedará
vagando entre la espuma del mar y las raíces.

Love for This Book

In these lonely regions I have been powerful
in the same way as a cheerful tool
or like untrammeled grass which lets loose its seed
or like a dog rolling around in the dew.
Matilde, time will pass wearing out and burning
another skin, other fingernails, other eyes, and then
the algae that lashed our wild rocks,
the waves that unceasingly construct their own whiteness,
all will be firm without us,
all will be ready for the new days,
which will not know our destiny.

What do we leave here but the lost cry
of the seabird, in the sand of winter, in the gusts of wind
that cut our faces and kept us
erect in the light of purity,
as in the heart of an illustrious star?

What do we leave, living like a net
of surly birds, alive, among the thickets
or static, perched on the frigid cliffs?
So then, if living was nothing more than anticipating
the earth, this soil and its harshness,
deliver me, my love, from not doing my duty, and help me
return to my place beneath the hungry earth.

We asked the ocean for its rose,
its open star, its bitter contact,
and to the overburdened, to the fellow human being, to the wounded
we gave the freedom gathered in the wind.
It's late now. Perhaps
it was only a long day the color of honey and blue,
perhaps only a night, like the eyelid
of a grave look that encompassed
the measure of the sea that surrounded us,
and in this territory we found only a kiss,
only ungraspable love that will remain here
wandering among the sea foam and the roots.

LAS PIEDRAS DE CHILE
THE STONES OF CHILE

TRANSLATED BY
DENNIS MALONEY

Some Words for a Book of Stone

This stony book, born in the desolate coastlands and mountain ranges of my country, was abandoned in my thoughts for twenty years. It wasn't possible to write it then for wandering reasons and the tasks of every year and day.

It is the poet who must sing with his countrymen and give to man all that is man: dream and love, light and night, reason and madness. But let's not forget the stones! We should never forget the silent castles, the bristling, round gifts of the planet. They fortify citadels, advance to kill or die, adorn our existence without compromise, preserving the mysteries of their ultraterrestrial matter, independent and eternal.

My compatriot, Gabriela Mistral, said once that in Chile it is the skeleton that one sees first, the profusion of rocks in the mountains and sand. As nearly always, there is much truth in what she said.

I came to live in Isla Negra in 1939 and the coast was strewn with these extraordinary presences of stone and they spoke to me in a hoarse and drenching language, a jumble of marine cries and primal warnings.

Because of this, the book, adorned with the portraits of creatures of stone, is a conversation that I open to all the poets of the earth, so that it may be continued by all in order to encounter the secret of stone and of life.

—Pablo Neruda

Historia

Para la piedra fue la sangre,
pare la piedra el llanto,
la oración, el cortejo:
la piedra era el albedrío.

Porque a sudor y a fuego hicieron
nacer los dioses de la piedra,
 y luego creció San de la lluvia,
San Señor de las batallas,
pare el maíz, pare la tierra,
dioses pájaros, dioses serpientes,
fecundadores, aciagos;
todos nacieron de la piedra:
América los levantó
con mil pequeñas manos de oro,
con ojos que ya se perdieron
borrados por sangre y olvido.

Pero mi patria era de luz,
iba y venía solo el hombre,
sin otros dioses que el trueno:

y allí creció mi corazón:
 yo vengo de la Araucanía.

Era vegetal y marina,
diurna como los colibríes,
colorada como un cangrejo,
verde como el agua en Octubre,
plateada como el pejerrey,
montaraz como una perdiz,
y más delgada que una flecha,
era la sierra austral, mordida
por los grandes vientos del cielo,
por las estrellas del mar.

En Chile no nacen los dioses
Chile es la patria de los cántaros.

History

For stone was the blood,
for stone the weeping,
the prayer, the procession:
stone was free will.

Because in sweat and in fire
the gods of stone were born
and then the saint of rain grew,
the lord of the struggles
for the corn, for the earth,
bird gods, serpent gods,
the fertile, the unfortunate,
all were born of stone:
America raised them
with a thousand small golden hands,
with eyes lost already,
clouded with blood and neglect.

But my country was of light,
a man alone came and went,
without other gods than thunder:

and there my heart grew:
I came from Araucania.

It was plant and seashore,
diurnal like the hummingbirds,
red like the crab,
green as water in October,
silvery as small fish,
wild as a partridge,
and thinner than an arrow
was the southern land, worn away
by the great winds of the sky,
by the stars of the sea.

In Chile gods are not born,
Chile is the home of quarries.

Por eso en las rocas crecieron
brazos y bocas, pies y manos,
la piedra se hizo monumento:
lo cortó el frío, el mes de Junio
le agregó pétalos y plumas
y luego el tiempo vino y vino,
se fue y se fue, volvió y volvió,
hasta que el mas deshabitado,
el reino sin sangre y sin dioses,
se llenó de puras figuras:

la piedra iluminó mi patria
con sus estatuas naturales.

So, in the rock grew
arms and mouths, feet and hands,
the stone became a monument:
it cut open the cold, the month of June
added petals and feathers
and then time came and arrived,
left and returned, returned and left,
until it deserted,
the kingdom without blood and without gods,
filled with pure figures:

Stone illuminated my country
with its natural statues.

Toro

El más antiguo toro cruzó el día.
Sus patas escarbaban el planeta.
Siguió siguió hasta donde vive el mar.
Llegó a la orilla el más antiguo toro.
A la orilla del tiempo, del océano.
Cerró los ojos, lo cubrió la hierba.
Respiró toda la distancia verde.
Y los demás lo construyó el silencio.

The Bull

The oldest bull crossed the day.
His legs scratched the planet.
He continued, traveling to where the sea lives.
He reached the shore, the oldest bull.
On the edge of time, the ocean.
He closed his eyes and grass covered him.
He breathed the whole green distance.
And silence built the rest.

El Marinero Muerto

El marinero herido
por los mares,
cayó al antiguo abismo,
al sueño del sargazo.
Luego lo despeñaron
desde el viento
y la sal iracunda
disemino su muerte.

Aqui está su cabeza.

La piedra conservó sus cicatrices
cuando la noche
dura
borró su cuerpo. Ahora permanece.

Y una planta del mar besa su herida.

The Dead Sailor

The sailor wounded
by the seas,
fell into the ancient abyss,
into the sargasso's dream.
Immediately, he was hurled down
from wind
and the angry salt
scattered his death.

Here is his head.

The stone preserved his scars
when the hard
night
wore away his body. Now he remains.

And a sea plant kisses his wound.

Los Náufragos

Los náufragos de piedra cantaban en la costa
y era de sal radiante la torre que cantaban
se elevó gota a gota haste que fue de agua,
de burbuja en burbuja haste subir al aire.

Los náufragos que convirtió en piedra el olvido
 (no un olvido, sino todo el olvido),
los que esperaron semisumergidos
terrestre auxilio, voces, brazos, vino, aspirina,
y recibieron sólo cangrejos infernales,
se hicieron duros muertos con ojos de granito
y allí están diseminadas sus estatuas,
sus informes, redondas, solitaries estatuas.

Pero aprendieron a canter. Lentamente
surgió la voz de todos los náufragos perdidos.
Es un canto de sal como una ola,
es un faro de peidras invisibles:
las piedras paralelas
miran hacia los rayos de Oceanía,
hacia el mar erizado,
hacia el sinfín sin naves ni países.

Un sol cayó elevando
la espada verde de su luz postrera,
otro sol cayó abajo
de nube en nube hacia el invierno,
otro sol
atravesó las olas,
los penachos bravíos
que levantan la cólera y la espuma
sobre las irritadas
paredes de turquesa
y allí las moles puras:
hermanas paralelas,
atalantes inmóviles
detenidas
por la pausa del frío,
agrupadas adentro de su fuerza
como leonas en roca convertidas,
como proas que siguen sin océano
la dirección del tiempo,
la cristalina eternidad del viaje.

The Shipwrecked

Shipwrecks of stone sang on the coast
and the tower they sang was radiant salt
raising itself drop by drop until it turned into water,
bubble by bubble climbing to the air.

The shipwrecked that oblivion turned to stone
(not an oblivion but all the oblivion),
those that hoped, partly submerged, for
earthly help, voices, shoulders, wine, aspirin,
and only received infernal crabs,
they became the stiff dead ones with granite eyes
and here their statues were scattered,
their formless, round, solitary statues.

Yet they learned to sing. Slowly
the voice of all the shipwrecked rose.
It was a song of salt like a wave,
it was a lighthouse of invisible stones:
parallel stones
looking toward the lightning bolts of oceania
toward the bristling sea,
toward the infinite without boats or countries.

A sun fell, lifting
the green sword of its last light,
another sun fell beneath
from cloud to cloud toward winter,
still another sun
crossed the waves,
savage plumes
that lifted anger and seafoam
over the irritated
walls of turquoise
and there in the huge mass:
parallel sisters,
immobile,
detained
by the rest of the cold,
clustered within its force
like lionesses transformed into rock,
like prows that go on without ocean
in the direction of the time,
the crystalline eternity of the journey.

Soledades

Entre las piedras de la costa, andando,
por la orilla de Chile,
más lejos
mar y mar, luna y sargazo,
la extensión solitaria del planeta.

Costa despedazada
por el trueno,
carcomida
por los dientes de cada nueva aurora,
gastada por el largo movimiento
del tiempo y de las olas:
aves lentas circulan,
plumes color de hierro,
y se sabe que aquí termina el mundo.
Nadie lo dice porque
nadie existe,
no está escrito, no hay números ni letras,
nadie pisó esta arena oscura
como polen de promo:
aquí nacieron flores desoladas,
plantas que se expresaron con espinas
y con súbitas flores
de pétalos furiosos.
Nadie ha dicho que ya no hay territorio,
que aquí comienza el vacio,
el antiguo vacío tutelar
con catástrofe, sombra
y sombra, sombra, sombra:
así es la costa dura que camino
de Sur a Norte a Oeste, a soledades.

Bella virtud la del conflicto
que agua y espuma erigen
en este largo limite:
se edificó como una flor la ola
y repite su forma de castillo,
su torre que decae y desmenuza
para crecer de nuevo palpitando
como si pretendiera
poblar la oscuridad con su hermosura,
llenar de luz el abismo.

Solitudes

Among the stones of the coast, walking,
by the shore of Chile,
farther off
sea and sea, moon and sea grass,
the lonely expanse of the planet.

The coast broken
by thunder,
consumed
by the teeth of every dawn,
worn by great stirrings
of weather and waves:
slow birds circle,
with iron-colored feathers
and they know that here the world ends.
No one said why,
no one exists,
it isn't written, there are no numbers or letters,
no one trampled the obscure sand
like lead pollen:
here desolate flowers were born,
plants that expressed themselves with thorns
and sudden blossoms
of furious petals.
No one said there wasn't any territory,
that here the void begins,
the ancient emptiness that guides
with catastrophe, darkness
and shadow, darkness, shadows:
so it is the rough coast, that road
of south to north to west, to solitude.

Beautiful virtue, that of conflict,
that water and seafoam erect
along this long border:
the wave reconstructing itself like a flower,
repeating its castle-like form,
its tower that decays and crumbles
only to grow beating anew
like it sought
to populate the darkness with its beauty,
to fill the abyss with light.

Caminando
desde el final antartico
por piedra y mar, apenas
diciendo una palabra,
solo los ojos hablan y descansan.

Innumberable soledad barrida
por viento y sal, por frío,
por cadenas,
por luna y maremoto:
debo contar la desdentada estrella
que aquí se hizo pedazos,
recoger los fragmentos
de piedra, hablar
sin nadie, hablar con nadie,
ser y no ser en un solo latido:
yo soy el centinela
de un cuartel sin soldados,
de una gran soledad llena de piedras.

Walking
from the final antarctic
by stone and sea, hardly
saying a word,
only the eyes speak and rest.

Innumerable solitude swept
by wind and salt, by cold,
by chains,
by moon and tides:
I must recall the toothless star
that here collapsed,
to gather the fragments
of stone, to hear
no one and speak with no one,
to be and not be a solitary motion of the heart:
I am the sentinel
of a barracks without soldiers,
of a great solitude filled with stones.

Piedras de Chile

Piedras locas de Chile, derramadas
desde las cordillaeras,
roqueríos
negros, ciegos, opacos,
que anudan
a la sierra los caminos,
que ponen punto y piedra
a la jornada,
rocas blancas
que interrumpen los ríos
y suaves son
bsadas
por una cinta
sísmica
de espuma,
granito
de la altura
centelleante
bajo
la nieve
como un monasterio,
espinazo
de la más
dura
patria
o nave
inmóvil,
proa
de la tierra terrible,
piedra, piedra infinitamente pura,
sellada
como
cósmica paloma,
dura de sol, de viento, de energía,
de sueño mineral, de tiempo oscuro
piedras locas,
estrellas
y pabellón

The Stones of Chile

Mad stones of Chile, pouring
from mountain ranges,
full of rocks
black, blind, opaque,
that joined
roads to the earth,
that placed time and stone
by the day's journey,
white rocks
that interrupt the rivers
and are kissed
smooth
by a seismic
ribbon of seafoam,
granite
of the glimmering
high seas
beneath
the snow
like a monastery,
backbone
of the
strongest
country
or unmovable
ship,
prow
of the terrible earth,
stone, infinitely pure stone,
sealed
like
a cosmic dove,
stiff from sun, from wind, from energy,
from mineral dream, from dark time,
crazy stones,
stars
and pavilion

dormido,
cumbres, rodados, rocas:
siga el silencio
sobre
vuestro
durísimo silencio,
bajo la investidura
antártica de Chile,
bajo
su claridad ferruginosa.

slept,
rolling peaks, cliffs:
knew the stillness
around
your lasting silence,
beneath the Antarctic
mantle of Chile,
beneath
your iron clarity.

Casa

Tal vez ésta es la casa en que viví
cuando yo no existí ni había tierra,
cuando todo era luna o piedra o sombra,
cuando la luz inmóvil no nacía.
Tal vez entonces esta piedra era
mi casa, mis ventanas o mis ojos.
Me recuerda esta rosa de granito
algo que me habitaba o que habité,
cueva o cabeza cósmica de sueños,
copa o castillo o nave o nacimiento.
Toco el tenaz esfuerzo de la roca,
su baluarte gelpeado en la salmuera,
y sé que aqui quedaron grietas mías,
arrugadas sustancias que subieron
desde profundidades hasta mi alma,
y piedra fui, piedra seré, por eso
toco esta piedra, y para mí no ha muerto:
es lo que fui, lo que seré, reposo
de un combate tan largo como el tiempo.

House

Perhaps this is the house I lived in
when neither I nor earth existed,
when all was moon or stone or darkness,
when still light was unborn.
Perhaps then this stone was
my house, my windows or my eyes.
This rose of granite reminds me
of something that dwelled in me or I in it,
a cave, or cosmic head of dreams,
cup or castle, ship or birth.
I touch the stubborn spirit of rock,
its rampart pounds in the brine,
and my flaws remain here,
wrinkled essence that rose
from the depths to my soul,
and stone I was, stone I will be. Because of this
I touch this stone, and for me it hasn't died:
it's what I was, what I will be, resting
from a struggle long as time.

La Estatua Ciega

Hace mil veces mil
años de piedra
yo fui picapedrero
y esto fue lo que hice,
golpeando
sin manos
ni martillo,
abriendo
sin cincel,
mirando el sol sin ojos,
sin ser,
sin existir sino en el viento,
sin otro pensamiento que una ola,
sin otras herramientas
que el tiempo,
el tiempo,
el tiempo.

Hice la estatua ciega
que no mirara,
que alí
en la desolada
arena
mantuviera su mole
como mi monumento:
la estatua
ciega
que aquel primer hombre
que salió de la piedra,
el hilo de la fuerza,
el primero
que cavó, tocó, impuso
su creación perdida,
buscó el fuego.

The Blind Statue

It's been thousands and thousands of
years of stone.
I was a stonecutter
and this is what I did
striking
without hands
or hammer,
piercing
without chisel,
staring into the sun without eyes,
without being,
without existence but in the wind,
with only a wave for my thought,
without tools other
than time,
the time,
the passing time.

I sculpted the statue blind
so that she wouldn't see,
that there
in the desolate
sand
she would keep her mass
like my monument:
the blind
statue
which the first man
that departed from stone,
the son of power,
the first
that dug, touched and imposed on
its lost creation,
searching for fire.

Y así nací, desnudo,
y azul picapedrero,
a lo largo de costas en tinieblas,
de ríos aún oscuros,
en cuevas azotadas por la cola
de los saurios sombríos,
y me costó encontrarme,
hacerme manos,
ojos, dedos, buscar
mi propia sangre,
y entonces mi alegría
se hizo estatua:
mi propia forma que copié golpeando
a través de los siglos en la piedra.

And I was born, naked
and blue, a stonecutter,
lengthwise from shores in darkness
from rivers still unknown
in caves lashed by the tails
of somber lizards,
and it was hard to encounter myself,
to become hands,
eyes, fingers, seeking
my own blood,
and then my joy
became a statue:
my own form that I had copied
striking across the centuries in stone.

Buey

Animal de la espuma
caminando
por noche, día,
areña.
Animal
del otoño
andando
hacia el antiguo
olor del musgo,
buey dulce
en cuya barba
florecieron las rocas
del subsuelo
y se armó el terremoto
de truenos y pisadas,
rumiando las tinieblas,
perdido
entre relámpagos,
mientras vive la espuma,
mientras el día
saca
las horas de su torre,
y desploma la noche
sobre el tiempo
su oscuro saco frío,
temblorosa.

Ox

Creature of seafoam
traveling
by night, day,
sand.
Animal
of autumn
walking
toward the ancient
scent of moss,
sweet ox
in whose beard
flowered rocks
of the subsoil,
and where the earthquake armed itself
with thunder and footsteps,
ruminating the darkness,
lost
between lighting flashes
while seafoam lives,
while the day
extracts
the hours from its tower
and the night collapses,
over time
her dark cold sack,
trembling.

El Arpa

Iba sola la música. No había plume, pelo,
leche, humo, nombres, no era noche ni día,
sola entre los planetas naciendo del eclipse
la música temblaba como una vestidura.
De pronto el fuego, el frío cuajaron una gota
y plasmó el universo su extenso escaparate,
lava, ceniza hirsute, resbaladiza aurora,
todo fue trasmigrando de dureza en dureza,
y bajo la humedad recién celeste
estableció el diamante su helada simetría.
Entonces el sonido primordial,
la solitaria música del mundo
se congeló y cayó convertida en estrella,
en arpa, en cítara, en silencio, en piedra.

Por la costa de Chile, con frío, y en inviemo,
cuando cae la lluvia lavando las semanas,
oíd: la soledad vuelve a ser música,
y no sé, me parece, que el aire, que la lluvia,
que el tiempo, algo con ola y alas,
pasa, crece. Y el arpa despierta del olvido.

The Harp

Only the music came. There was no feather, hair,
milk, smoke or names. Neither night nor day.
Alone between the planets born from the eclipse
music trembled like cloth.
Suddenly fire and cold coagulated in a drop
and the universe molded its extensive display,
lava, bristling ashes, slippery dawn,
everything was transformed from hardness to hardness,
and under the dampness newly celestial,
established the diamond with its frozen symmetry.
Then the primal sound,
the solitary music of the world
congealed and fell changing into a star,
a harp, a zither, silence, stone.

Along the Chilean coast, with cold and winter,
when rain falls washing the wecks.
Listen: solitude becomes music once more,
and it seems its appearance is that of air, of rain,
that time, something with wave and wings, passes by,
grows. And the harp awakes from oblivion.

Teatro de Dioses

Es asi en esta costa.
De pronto, retorcidas,
acerbas, hacinadas,
estáticos
derrumbes
o tenaces teatros,
naves y galerías
o rodantes
muñones cercenados:
es así en esta costa
el lunar roquerío,
las uvas del granito.

Manchas anaranjadas
de óxido, vetas verdes,
sobre la paz calcárea
que golpea la espuma con sus llaves
o el alba con su rosa
y son así estas piedras:
nadie sabe
si salieron del mar o al mar regresan,
algo
las sorprendió
mientras vivían,
en la inmovilidad se desmayaron
y constnuyeron una ciudad muerta.

Una ciudad sin gritos,
sin cocinas,
un solemne recinto
de pureza,
formas puras caídas
en un desorden sin resurrecciones,
en una multitud que perdió la mirada,
en un gris monasterio condenado
a la verdad desnuda de sus dioses.

Theater of the Gods

It is like this on the coast.
Suddenly, contorted,
harsh, piled up,
static,
collapsing,
either tenacious theaters,
or ships and corridors
or rolling
severed limbs:
it is like this on the coast,
the rocky lunar slope,
the grapes of granite.

Orange stains
of oxide, green seams,
above the chalky peace,
that the seafoam strikes with its keys
or dawn with its rose
these stones are like this:
no one knows
if they came from the sea or will return to the sea,
something
astonished them
while they lived,
and they faltered in the stillness
and constructed a dead city.

A city without cries,
without kitchens,
a solemn ring
of purity,
tumbling pure shapes
in a confusion without resurrection,
in a crowd that lost its vision,
in a grey monastery condemned
to the naked truth of its gods.

El León

Un gran león llegó de lejos:
era grande como el silencio,
tenía sea, buscaba sangre,
y detrás de su investidura
tenía fuego como una case,
ardía como un monte de Osorno.

No encontró más que soledad.
Rugió de huraño, de hambriento:
sólo podía comer aire,
espuma impune de la costa,
heladas lechugas del mar,
aire de color de pájaro,
inaceptables alimentos.

Triste león de otro planeta
traído por la alta marea
a los islotes de Isla Negra,
al archipiélago de sal,
sin más que un hocico vacío,
unas garras desocupadas
y una cola como un plumero.

Fue sintiendo todo el ridículo
de su contextura marcial
y con los años que pasaban
se fue arrugando de vergüenza.
La timidez lo llevó entonces
a las arrogancias peores
y fue envejeciendo como uno
de los leones de la Plaza,
se fue convirtiendo en adorno
de escalinata, de jardín,
haste enterer la triste frente,
clavar los ojos en la lluvia,
y quedarse quieto esperando
la justicia gris de la piedra,
la hora de la geología.

The Lion

A great lion arrived from afar:
it was huge as silence,
it was thirsty, seeking blood,
and behind his investiture,
he had fire like a house,
it burned like a mountain of Osorno.

It found only solitude.
It roared of shyness and hunger:
it could eat only air,
seafoam unpunished by the coast,
frozen sea lettuce,
breeze the color of birds,
unappealing nourishment.

Melancholy lion from another planet
cast up by the high tide
to the small rocky islands of Isla Negra,
the salty archipelago,
with no more than an empty snout,
idle claws
and a tail of ragged feathers.

It felt all the ridicule
of its warlike appearance
and with the passing years
it wrinkled in shame.
Its fear then brought on
the worst arrogance
and it went on growing old like one
of the lions in the plaza,
it transformed into an ornament
for a stone staircase or garden,
until it buried its sad forehead,
fixed its eyes on the rain,
and remained quiet hoping for
the grey justice of stone,
its geologic hour.

Yo Volveré

Alguna vez, hombre o muler, viajero,
después, cuando no viva,
aquí buscad, buscadme
entre piedra y océano,
a la luz proceleria
de la espuma.
Aquí buscad, buscadme,
porque aquí volvere sin decir nada,
sin voz, sin boca, puro,
aquí volvere a ser el movimiento
del agua, de
su corazón salvaje,
aquí estaré perdido y encontrado:
aquí seré tal vez piedra y silencio.

I Will Return

Some other time, man or woman, traveler,
later, when I am not alive,
look here, look for me
between stone and ocean,
in the light storming
through the foam.
Look here, look for me,
for here I will return, without saying a thing,
without voice, without mouth, pure,
here I will return to be the churning
of the water, of
its unbroken heart,
here, I will be discovered and lost:
here, I will, perhaps, be stone and silence.

La Gran Mesa de Piedra Dura

A la mesa de piedra llegamos
los niños de Lota, de Quepe,
de Quitratúe, de Metrenco,
de Ranquilco, de Selva Oscura,
de Yumbel, de Yungay, de Osorno.

Nos sentamos junto a la mesa,
a la mesa fría del mundo,
y no nos trajo nadie nada,
todo se había terminado,
se lo habían comido todo.

Un solo plato está esperando
sobre la inmensa mesa dura,
del mundo y su vasto vacío:
y todavía un niño espera,
él es la verdad de los sueños,
él es la esperanza terrestre.

The Great Stone Table

We arrive at the great stone table
the children of Lota, Quepe,
Quitratue and Metrenco.
Of Ranquilco, Selva Oscura,
Yumbel, Yungay and Osorno.

We sit by the table,
the cold table of the world
and no one has brought us anything.
Everything was consumed,
they had eaten all of it.

One plate alone remains,
waiting on the immense hard table
of the world and the void.
Still a child waits
who is the truth of every dream,
who is the hope of our earth.

Donde Cayo el Seniento

Tumulos del desierto.

Aqui cayó a la muerte
el caminante,
aqui terminó el viaje
y el viajero.
Todo era sol, todo era sed y arena.
No pudo más y se volvió silencio.

Luego pasó el que sigue
y al caído
saludó
con una piedra,
con la piedra sedienta del camino.

Oh corazón de polvo espolvoreado,
en polvó del desierto convertido,
corazón caminante y compañero,
tal vez, de salitrales y trabajos,
 tal vez de las amargas minerías,
saliste, echaste a andar por las arenas,
por la sal del desierto, con la arena.

Ahora una piedra y otra
aqui erigieron
un monumento al héroe fatigado,
al que no pudo más y dejó los dos pies,
luego las piernas, luego la mirada,
la vida en el camino de la arena.

Ahora una piedra vino,
voló un recuerdo duro,
llegó una piedra suave,
y el túmulo del hombre en el desierto
es un puño de piedra solidaria.

Where the Thirsty Fell

Hips of stone in the desert.

Here the walker fell
on death.
Here ended the journey
and the traveler.
Everything was sun, everything was thirst and sand.
He couldn't stand it and became silent.

Then came the next one
and he greeted
the fallen one
with a stone,
with a thirsty stone from the road.

Oh heart of scattered dust,
transformed into desert dust,
traveler and companion heart,
perhaps, of nitrate mines and works,
perhaps of the bitter mining,
you left and took to the road in the sand,
by the desert salt, with the sand.

Now a stone and another
erected here
a monument to the tired hero,
who couldn't stand it and abandoned his two feet,
then his legs, then his gaze,
life on the road of sand.

Now a stone came,
a harsh memory flew,
a smooth stone arrived,
and the tomb of the man in the desert
is a fist of solidarity in stone.

El Retrato en la Roca

Yo sí lo conocí, vivi los annños
con él, con su substancia de oro y piedra,
era un hombre cansado:
dejó en el Paraguay su padre y madre,
sus hilos, sus sobrinos,
sus últimos cuñados,
su puerta, sus gallinas,
y algunos libros entreabiertos.
Llamaron a la puerta.
Cuando abrió lo sacó la policía,
y lo apalearon tanto
que escupió sangre en Francia, en Dinamarca,
en España, en Italia, tralinando,
y así murió y dejé de ver su cara,
dejé de oir su hondísimo silencio,
cuando una vez, de noche con chubasco,
con nieve que tejía
el traje puro de la cordillera,
a caballo, allá lejos,
miré y allí estaba mi amigo:
de piedra era su rostro,
su perfil desafiaba la intemperie,
en su nariz quebraba el viento
un largo aullido de hombre perseguido:
allí vino a parer el desterrado:
vive en su patria convertido en piedra.

The Portrait in the Rock

Yes, I knew him, I lived years
with him, with his substance of gold and stone.
He was a man who was worn down.
In Paraguay he left his father and mother,
his sons, his nephews,
his latest in-laws,
his gate, his hens
and some half-opened books.
They called him to the door.
When he opened it, the police took him
and they beat him so much
that he spat blood in France, in Denmark,
in Spain, in Italy, traveling,
and so he died and I stopped seeing his face,
stopped hearing his profound silence.
Then once, on a stormy night,
with snow weaving
a pure coat on the mountains,
a horse, there, in the distance,
I looked and there was my friend:
his face was formed in stone,
his profile defied the wild weather,
in his nose the wind was muffling
the howls of the persecuted.
There the man driven from his land returned:
here in his country, he lives, transformed into stone.

La Nave

Íbamos y subiamos: el mundo
era un sediento mediodia,
no temblaba el aire, no existian las hojes,
el ague estaba lejos.

La nave o proa entonces
surgió de los desiertos,
navegaba hacia el cielo:
una punta de piedra dirigida
hacia el insoportable infinito,
una basilica cerrada
por los dioses perdidos
y alli estaba la proa, flecha o nave
o torre tremebunda,
y pare la fatiga,
la sea, la polvorienta,
la sudorosa estirpe
del hombre que subia
las cordilleras duras,
ni agua ni pan ni pasto,
sólo una roca grande que subia,
sólo la nave aura de la piedra y la música.

Hasta cuándo? grité, gritamos.
Ya nos mató la madrecita sierra
con su cactus férreo,
con su maternidad fernuginosa,
con toda este desierto,
sudor, viento y arena,
y cuando ya llegábamos
a descansar envueltos en vacio
una nave de piedra
quería aún embarcarnos
hacia donde sin alas
no se puede volar
sin haber muerto.

Esto Pasó cuando íbamos cansados
y la cordillera era dura,
pesada como una cadena.

Sólo hasta allí llegó mi viaje:
más allá empezaba la muerte.

The Ship

We walked and climbed: the world
was a parched noon,
the air didn't tremble, the leaves didn't exist,
the water was far away.

The boat or prow then
rose from the deserts
and sailed toward the sky:
a point of stone guided
toward the unbearable infinity,
a closed palace
for the lost gods.
And there was the prow, the arrow, the ship
or dreadful tower,
and for the toiling,
the thirsty, the dusty,
the sweating race
of man that climbed
the difficult hills,
neither water nor bread nor pasture,
only a large rock that rose,
only a stubborn boat of stone and music.

For how long? I cried out, we shouted.
Finally mother earth killed us
with its harsh cactus,
with its ironous maternity,
with all this desert,
sweat, wind and sand,
and when we finally arrived
to rest, wrapped in void,
a boat of stone
still wanted to ship us
toward where, without wings,
we couldn't fly
without dying.

This we endured when we were tired
and the mountain range was hard,
heavy as a chain.

Only then, my journey ended, here:
beyond, where death began.

La Nave Hirsuta

Nave de las espinas,
perforada
como el pecho del hombre
en la navegacion de los dolores,
bandera
que acribilló
con su batalla
el tiempo
y luego
se trizó, dejó en las grietas
el invierno calcáreo,
nieve,
nieve de piedra,
nieve de piedra loca y solitaria,
entonces
el cactus del Pacífico
depositó sus nidos,
su cabellera eléctrica de espinas.
Y el viento amó esta nave
inmóvil y volando
le otorgó sus tesoros:
la barba de las islas
un susurro de frío,
la convirtió en panal para las águilas,
solicitó sus velas
para que el mar sintiera
pasar la piedra pura de ola en ola.

The Rugged Ship

Boat of thorns
pierced
like the breast of a man
in a voyage of pain,
banner
that pierced
time
with its struggle
and later
waving in and out, left in the cracks
the chalky winter,
snow,
snow of stone,
snow of mad and solitary stone,
then
the cactus of the Pacific
deposited its nests,
its electric hair of thorns.
And the wind loved this immovable
ship and flying swiftly
it granted its treasures:
the beard of the islands,
a cold whisper,
changed into a honeycomb for eagles,
and asked for its sails
so that the sea could feel
the pure stone passing from wave to wave.

La Creacion

Aquello sucedió en el gran silencio
cuando nació la hierba,
cuando recién se desprendió la luz
y creó el bermellón y las estatuas,
entonces
en la gran soledad
se abrió un aullido,
algo rodó llorando,
se entreabrieron las sombras, subió solo
como si sollozaran los planetas
y luego el eco
rodó de tumbo en tumbo
hasta que se calló lo que nacía.

Pero la piedra conservó el recuerdo.

Guardó el hocico abierto de las sombras,
la palpitante espada del aullido,
y hay en ia piedra un animal sin nombre
que aún aulla sin voz hacia el vacío.

The Creation

That happened in the great silence
when grass was born,
when light had just detached itself
and created the vermilion and the statues,
then
in the great solitude
a howl began,
something rolled crying,
the shadows half-opened, rising alone
as if the planets sobbed
and then the echo
rolled, tumbling and tumbling
until what was born was silent.

But stone preserved the memory.

It guarded the opened snout of the shadows,
the trembling sword of the howl,
and there is in the stone an animal without name
that still howls without voice toward the emptiness.

La Tumba de Victor Hugo en Isla Negra

Una piedra entre sodas,
lose lisa,
intacta como el orden
de un planeta
aquí en las soledades
se dispuso,
y la lamen las olas
las espumás la bañan,
pero emerge
lisa, solemne, clara,
entre el abrupto y duro roquerío,
redondeada y serena,
oval, determinada
por majestuosa muerte
y nadie sabe quién duerme rodeado
por la insondable cólera marina,
nadie lo sabe, sólo
la luna del albatros,
la cruz del cormóran, la pate aura
del pelicano, sólo
lo sabe el mar, sólo lo sabe
el triste trueno verde de la aurora.

Silencio, mar! Calladas
recen su padrenuestro las espumas,
alargue el alga large sus cabellos,
su grito húmedo
apague
la gaviota:
aquí yace,
aquí por fin tejido
por un gran monumento despeñado
su canto se cubrió con la blancura
del incesante mar y sus trabajos,
y enterrado en la tierra,
en la fragancía
de Francia fresca y fina
navegó su materia,
entregó al mar su barba submarina,
cruzó las latitudes,
buscó entre las corrientes,
atravesó tifones y caderas
de archipiélagos puros,

The Tomb of Victor Hugo on Isla Negra

One stone among all,
smooth gravestone,
undisturbed like the proportion
of a planet
here in the solitudes
it was ordained,
and the waves lap at it,
the seafoam washes it,
but it emerges
smooth, imposing, clear,
among the rugged and hard rocks,
round and serene,
oval, resolute
by majestic dead
and no one knows who sleeps surrounded
by the unfathomable coastal fury,
no one knows, only
the albatross moon,
the cross of the cormorant, the firm leg
of the pelican, only the
sea knows it, only the
sad green thunder of dawn.

Silence, sea! Hushed
the seafoam recites the lord's prayer,
extends its long seaweed hair,
its humid cry
extinguishes
the seagull:
here lies the grave,
here finally woven
for a craggy mounument hurling
its song to cover itself with whiteness
of the incessant sea and its labors,
and buried in the earth,
in the fragrance
of France cool and subtle
sailing its matter,
surrendering to the sea its submerged beard,
crossing latitudes,
searching among the currents,
passing through typhoons and hips
of pure archipelagoes,

hasta que las palomas torrenciales
del Sur del mar, de Chile,
atrajeron las pasos tricolores
del espectro nevado
y aquí descansa, solo
y desencadenado:
entró en la turbulenta claridad,
besado por la sal y la tormenta,
y padre de su propia eternidad
duerme por fin, extenso,
recostado en el trueno intermitente,
en el final del mar y sus cascadas,
en la panoplia de su poderío.

until the torrential doves
of the South Sea of Chile,
attracted the tricolored steps
of the snowy phantom
and here it rests, alone
and liberated:
entering the turbulent light,
kissed by salt and storm,
and father of its own eternity
sleeping finally, outstretched,
reclining in the intermittent thunder,
at the end of the sea and its cascades,
in the sails of its own power.

Los Tres Patitos

Hace mil
veces
mil
años
más uno
voló un patito claro
sobre el mar.
Fue a descubrir las islas.
Conversar quiso
con el abanico
de la palmera,
con las hojas
del plátano, comer
pepitas tricolores
de archipiélago,
entrar en matrimonio
y fundar
hemiferios poblados
por los patos.
En los silvestres manantiales
quiso
establecer lagunas
ennoblecidas por los asfodelos.
Se trataba sin duda
de un exótico pato
perdido
en medio
de los matorrales
espumosos de Chile.

Cuando
voló
como saeta
sus dos hermanos
lloraron
lágrimas
de piedra.
Él las oyó
caer
en su vuelo,
en la mitad del circulo
del agua,
en el ombligo

The Three Ducklings

A thousand
times
a thousand
years ago
plus one
a bright duckling flew
over the sea.
He went to discover the islands.
He wanted to talk
with the fan
of the palm tree,
with the leaves of the banana, to eat
the tricolored seeds
of the archipelago,
to be married
and establish
hemispheres populated
by ducks.
In the wild springs
he wanted
to establish lagoons
dignified with day lilies.
He was an exotic duck
to be
lost
in the middle
of the foamy
thickets of Chile.

When
he flew
like an arrow
his two brothers
cried
tears
of stone.

He heard them
fall
in his flight,
in the middle of the circle
of water,
in the central

central
del gran océano
y volvío.

Pero
sus hermanos
eran
ya
sólo
dos estatuas
oscuras
de granito,
pues
cada lágrima
los hizo piedra:
el llanto
sin medida
petrificó
el dolor
en monumento.

Entonces, el errante
arrepentido
arrebujó sus alas
y sus sueños,
durmio con sus
hermanos
y poco a poco el mar,
la sal
el cielo
detuvieron en él su escalofrío
hasta que fue también
pato de piedra.

Y ahora
como
tres
naves
navegan
tres patos
en el tiempo.

navel
of the great ocean
and he returned.

But
his brothers
were
now
only
two obscure
stones
of granite,
since
each tear turned
into stone:
the weeping
without measure
petrified
the pain
into a monument.

Then, the wandering
repentant
huddled together his wings
and his dreams,
slept with his
brothers
and slowly the sea,
salt,
and sky,
imprisoned him in his shivering
until he was again
a duck of stone.

And now
like
three
ships
sailing,
three ducks
in time.

La Tortuga

La tortuga que
anduvo
tanto tiempo
y tanto vío
con
sus
antiguos
ojos,
la tortuga
que comió
aceitunas
del más profundo
mar,
la tortuga que nadó
siete siglos
y conoció
siete
mil
primaveras,
la tortuga
blindada
contra
el calor
y el frío,
contra
los rayos y las olas
la tortuga
amarilla
y plateada,
con severos
lunares
ambarinos
y pies de rapiña,
la tortuga
se quedó
aquí
durmiendo,
y no lo sabe.

The Turtle

The turtle that
has walked
so long
and seen so much
with
his
ancient
eyes,
the turtle
that fed on
olives
of the deep
sea,
the turtle that has swum
for seven centuries
and known
seven
thousand
springs,
the turtle
shielded
against
the heat
and cold,
against
the rays and waves,
the turtle
of yellow
and silver,
with stern
amber
spots
and rapine feet,
the turtle
remains
here
asleep,
and doesn't know it.

De tan vieja
se fue
poniendo dura,
dejó
de amar las olas
y fue rígida
como una plancha de planchar.
Cerró
los ojos que
tanto
mar, cielo, tiempo y tierra
desafiaron,
y se durmió
entre las otras
piedras.

The old man
assumed
a hardness,
abandoned
the love of waves
and became rigid
as an iron plate.
Closing
the eyes that
have dared
so much
ocean, sky, time and earth,
and now, he sleeps
among the other
rocks.

El Corozón de Piedra

Mirad,
éste
fue el corazón
de una sirena.
Irremediablemente
dura
venía a las orillas
a peinarse
y jugar a la baraja.
Juraba
y escupía
entre las algas.
Era la imágen
misma
de aquellas
infernales
taberneras
que
en los cuentos
asesinan
al viajero cansado.

Mataba a sus amantes
y bailaba
en las olas.

Así
fue transcurriendo
la malvada
vida de la sirena
haste
que su feroz
amante marinero
la persiguió
con harpón y guitarra
por todas las espumás,
más allá
de los más
lejanos archipiélagos,
y cuando
ya en sus brazos
reclinó
la frente biselada

The Heart of Stone

Look,
this
was the heart
of a siren.
Helplessly
hard
she came to the shores
to comb her hair
and play a game of cards.
Swearing
and spitting
among the seaweed.
She was the image
herself
of those
hellish
barmaids
that
in stories
murdered
the weary traveler.

She killed her lovers
and danced
in the waves.

And so,
time passed in
the wicked
life of the siren
until
her fierce
lover, the sailor
pursued her
with harpoon and guitar
through all the seafoam,
farther
than the most
distant archipelagoes,
and when
she reclined
in his arms,
the sailor

el navegante
le dió
un últimto beso
y justiciera muerte.

Entonces, del navió
descendieron
los capitanes
muertos,
decapitados
por
aquella
traidora
sirena,
y con alfanje,
espada,
tenedor
y cuchillo,
sacaron
el corazón de piedra
de su pecho
y junto al mar
lo dejaron
anclado,
para
que así se eduquen
las pequeñas
sirenas
y aprendan
a comportarse
bien
con
los
enamorados
marineros.

gave her
his beveled point,
a final kiss
and a justified death.

Then, from the ship
the dead
commanders
descended,
beheaded
by
that
treacherous
siren,
and with cutlass,
sword,
fork
and knife,
pulled out
the heart of stone
from her chest,
and, near the sea,
it was allowed
to anchor,
in order that
it could teach
the little
sirens
to learn
to behave
properly
with
the
enamored
sailors.

Al Aire en la Piedra

En la peña desnuda
y en el pelo
aire
de piedra y ola.
Todo cambió de piel hora por hora.
La sal fue luz salada,
el mar abrío
sus nubes,
el cielo
despeñó su espuma verde:
como una flor
clavada en una
lanza de oro
el día resplandece:
todo
es
campana, copa
vacío que se eleva,
corazón transparente,
piedra
y
agua.

Air in the Stone

On the naked cliff
and in the hair
air
of rock and wave.
All changing skin hour by hour.
The salt becomes brine-soaked light,
the sea opens
its clouds,
and the sky
hurls green foam.
The brilliant day
is like a flower
driven into
a golden lance.
All
is
bell, cup,
emptiness, raising
the transparent heart
of stone
and
water.

A Una Peña Arrugada

Una piedra arrugada
y alisada
por el mar, por el aire,
por el tiempo.
Una piedra gigante, estremecida
por un ciclón, por un volcán,
por una
noche de espumás y guitarras negras.

Sólo una
piedra
soberana
en medio
del tiempo y de la tierra,
victoria
de la inmovilidad, de la dureza,
seria como los astros
frente
a todo
lo que se mueve,
sola,
profunda, espesa y pure.

Oh estatua solitaria
levantada
en la arena!
Oh volumen desnudo
donde trepan
lagartos cenicientos
que beben
una copa
de rocio
en el alba,
piedra
contra la espuma,
contra el cambiante cielo,
contra la primavera.

Piedra infinita levantada por
las manos puras de la soledad
en medio de la arena!

To a Wrinkled Boulder

A wrinkled stone
polished
by sea, by air,
by time.
A giant rock, shaken
by a cyclone, by a volcano,
by a night
of seafoam and black guitars.

Only a
royal
stone
in the middle
of time and earth,
triumph
of immovability, of harshness,
majestic like the stars
facing
all
that stirs,
alone
profound, dense and pure.

Oh solitary statue
rising
from the sand!
Oh naked bulk
where ash-colored
lizards climb,
that drink
a goblet
of dew
in the dawn,
stone
against seafoam,
against changing sky,
against spring.

Infinite stone erected by
the pure hands of solitude
in the middle of the sand!

Las Piedras y los Pájaros

Aves del Sur del Mar,
descansad,
es la hora
de la gran soledad, la hora de piedra.
Conocí cada nido,
la habitación huraña
del errante,
amé su vuelo antártico,
la rectitud sombría de las remotas aves.

Ahora, descansad
en el anfiteatro
de las isles:
no más, no puedo
converser con vosotras,
no hay
        cartes, no hay
                    telégrafo
entre poeta y pájaro:
hay música secrete,
solo secretes alas,
plumaje y poderio.

Cuánta distancia y ávidos
los ojos de oro cruel
acechando la plate fugitiva!

Con las alas cerradas
desciende un meteoro,
salta en su luz la espuma,
y el vuelo otra vez sube,
sube a la altura con un pez sangriento.

The Stones and the Birds

Birds of the South Sea,
resting,
it is the hour
of great solitude, the hour of stone.
I knew every nest,
the unsociable lodging
of the nomadic,
I loved your Antarctic flight,
the somber accuracy of the remote birds.

Now, rest
in the amphitheater
of the islands:
no longer can I
talk with you,
there are no
            letters, there is no
                        telegraph
between poet and bird:
there is secret music,
only hidden wings,
plumage and power.

How much distance and greed
awaited the cruel gold eyes
of the silver fugitive!

With closed wings
a meteor descended,
exploding in your seafoam light,
and the flight again ascended,
climbing to the heights with a bloody fish.

Desde los archipielagos de Chile,
allí donde la lluvia
estableció su patria,
vienen cortando el cielo
las grandes alas negras,
y dominando
territorio y distancias
del invierno,
aqui en el continente
de piedra solitaria,
amor, estiercol, vida,
habeis dejado,
aves aventureras
de piedra y mar y de imposible cielo.

From the Chilean Archipelago,
there, where rain
established its home,
great black wings
came cutting the sky,
and dominating
the territories and distances
of winter,
here on the continent
of solitary stone,
love, manure, life,
all that is left,
adventurous birds
of stone, sea and impossible sky.

Al Caminante

No son tan tristes estas piedras.
Adentro de ellas vive el oro,
tienen semillas de planetas,
tienen campanas en el fondo,
guantes de hierro, matrimonios
del tiempo con las amatistas:
por dentro ríen con rubíes,
se alimentaron de relámpagos.

Por eso, viajero, cuidado
con las tristezas del camino,
con los misterios en los muros.

Me ha costado mucho saber
que no todo vive por fuera
y no todo muere por dentro,
y que la edad escribe letras
con agua y piedra para nadie,
para que nadie sepa dónde,
para que nadie entienda nada.

To the Traveler

These stones aren't sad.
Within them lives gold,
they have the seeds of planets,
they have bells in their depths,
gloves of iron, marriages
of time with the amethysts:
on the inside laughing with rubies,
nourishing themselves from lightning.

Because of this, traveler, pay attention
to the hardships of the road,
to mysteries on the walls.

I know this at great cost,
that all life is not outward
nor all death within,
and that the age writes letters
with water and stone for no one,
so that no one knows,
so that no one understands anything.

La Tierna Mole

No tengas miedo al rostro implacable
que terremotos e intemperie
labraron, hierbas marítimas,
pequeñas plantas color de
                    estrella
subieron por el cuello duro
de la montaña desafiante.

El impetu, el rapto, la ira,
se detuvieron con la piedra,
y cuando fue a salter la forma
disparada hacia los planetas,
plantas terrestres florecieron
en sus arrugas de granito
y se quedó con la ternura.

Pánjaro

El pájaro, pájaro, pájaro:
pájaro, vuela, pájaron,
huye a tu nido, sube al cielo,
picotea las nubes de agua,
atraviesa la plena luna,
el plenisol y las distancias
con tu plumaje de basalto
y tu abdomen de plumapiedra.

The Tender Bulk

Don't be frightened by the relentless face
that earthquakes and bad weather
have carved, sea grasses,
small plants the color of a
            star
raised by the stubborn neck
of the defiant mountain.

The impulse, the ecstasy, the anger,
stayed within the stone,
and when the form exploded
into the planets,
earthly plants flowered
in its wrinkles of granite
and a tenderness remained.

Bird

The bird, bird, bird:
bird, flying, bird,
escape to your nest, climb to the sky,
peck the clouds of water,
cross the full moon,
the brilliant sun and the distances
with your plumage of basalt
and your abdomen of stone feathers.

Piedras Para María

Las piedrecitas puras,
olivas ovaladas,
fueron antes
población
de las viñas
del océano,
racimos agrupados,
uvas de los panales
sumergidos:
la ola las desgranaba,
caían en el viento,
rodaban al abismo abismo abismo
entre lentos pescados,
sonámbulas medusas,
colas de lacerantes tiburones,
corvinas como balas!
las piedras transparentes,
las suavísimas piedras,
peidrecitas,
resbalaron
hacia el fondo del húmedo reinado,
más abajo, hacia donde
sale otra vez el cielo
y muere el mar sobre sus alcachofas.

Rodaron y rodaron
entre dedos y labios submarinos
hasta la suavidad inacabable,
hasta ser sólo tacto,
curva de copa suave,
pétalo de cadera.
Entonces arreció la marejada
y un golpe de ola dura,
una mano de piedra
aventó los guijarros,
los desgrano en la costa
y allí en silencio desaparecieron:
pequeños dientes de ambar,
pasas de miel y sal, porotos de agua,
aceitunas azules de la ola,
almendras olvidadas de la arena.

Stones for Maria

The pure pebbles,
oval olives,
were once
inhabitants
of the ocean's
vines,
clusters
of grapes
in submerged honeycombs:
The waves picked them,
felled by wind,
rolling in the abyss
among slow-moving fish
and sleepwalking jellyfish,
tails of lacerated sharks,
eels like bullets!
Transparent stones,
smooth stones,
pebbles,
sliding toward
the bottom of humid regions,
far below, near where
the sky reemerges
and the sea dies above its artichokes.

Rolling and rolling
among the fingers and lips underwater
down to the smooth interminable,
until they were only touch,
curve of the smooth cup,
petal of the hip.
Then the surf grew stronger
and a beat of hard wave,
a hand of stone
winnowed cobbles
sifted them along the coast
and then disappeared in silence:
small amber teeth,
raisins of honey and salt, beans of water,
blue olives of the wave,
forgotten almonds in the sand.

Piedras pare María!
Piedras de honor pare su laberinto!

Ella, como una araña
de piedra transparente,
tejerá su bordado,
hará de piedra pura su bandera,
fabricará con piedras plateadas
la estructura del día,
con piedras azufradas
la raíz de un relámpago perdido,
y una por una subirá a su muro,
al sistema, al decoro, al movimiento,
la piedra fugitiva,
la uva del mar ha vuelto a los racimos,
trae la luz de su estupenda espuma.

Piedras para María!

Ágatas arrugadas de Isla Negra,
sulfúricos guijarros
de Tocopilla, como estrellas rotas,
caídas del infierno mineral,
piedras de La Serena que el océano
suavizó y luego estableció en la altura,
y de Coquimbo el negro poderío,
el basalto rodante
de Maitencillo, de Toltén, de Niebla,
del vestido mojado
de Chiloé merino,
piedras redondas, piedras como huevos
de pilpilén austral, dedos traslúcidos
de la secrete sal, del congelado
cuarzo, o durísima herencia
de Los Andes, naves
y monasterios
de granito.

Stones for Maria!
Stones of honor for her labyrinth!

She, like a spider
of transparent stone,
will weave her embroidery,
make her banner of pure stone,
fabricate, with silvery stones,
the structure of the day;
with sulfurous stones,
the root of a lost lightning flash,
and one by one will climb to her wall,
to the pattern, to the honesty, to the motion,
the fugitive stone,
the grape of the sea has returned to the clusters
wearing the light of her seafoam full of wonder.

Stones for Maria!

Wrinkled agates of Isla Negra,
sulfurous stones
of Tocopilla, like shattered stars,
decending from hellish mineral,
stones of La Serenta that the ocean
smoothed and then settled in the heights,
and from Coquimbo the black power,
the rolling basalt
of Maitencillo, of Tolten, of Niebla,
the wet dress
of the Chiloe seashore,
round stones, stones like eggs
of southern birds, translucent fingers
of the secret salt, of frozen
quartz, or enduring heritage
of the Andes, boats
and monasteries
of granite.

Alabadas
las piedras
de María,
las que coloca como abeja clara
en el panal de su sabiduría:
las piedras
de sus muros,
del libro que construye
letra por letra,
hoja por hoja
y piedra a piedra!
Hay que ver y leer esta hermosura
y amar sus manos
de cuya energia
sale, suavísima,
una
lección
de piedra.

Praise
the stones
of Maria,
those that she arranged like a crystal bee
in the honeycomb of her wisdom:
the stones
of its walls,
of the book that is built
letter by letter,
leaf by leaf,
and stone by stone!
It is necessary to see and read this beauty
and I love its hands
from whose power
appears, gently,
a
lesson
of stone.

Piedras Antárticas

Allí termina todo
y no termina:
allí comienza todo:
se despiden los ríos en el hielo,
el aire se ha casado con la nieve,
no hay calles ni caballos
y el único edificio
lo construyó la piedra.
Nadie habita el castillo
ni las almás perdidas
que frío y viento frío
amedrentaron:
es sola allí la soledad del mundo,
y por eso la piedra
se hizo música,
elevó sus delgadas estaturas,
se levantó para gritar o cantar
pero se quedó muda.
Sólo el viento,
el latigo
del Polo Sur que silba,
solo el vacío blanco
y un sonido de pájaros de lluvia
sobre el castillo de la soledad.

Antarctic Stones

There all ends
and doesn't end:
there all begins:
rivers and ice part,
air is married to snow,
there are no streets or horses
and the only building
stone built.
No one inhabits the castle
not even the lost souls
that the cold and frigid wind
frightened:
the solitude of the world alone is there
and so the stone
became music,
lifting its slender heights,
raising itself to cry or sing
but it remained silent.
Only the wind, the whip
of the South Pole, whistled,
only the white void
and a noise of rain birds
around the castle of solitude.

Nada Más

De la verdad fui solidario:
de instaurar luz en la sierra.

Quise ser común como el pan:
la lucha no me encontró ausente.

Pero aquí estoy con lo que amé,
con la soledad que perdí:
junto a esta piedra no reposo.

Trabaja el mar en mi silencio.

Nothing More

I stood by truth:
to establish light in the land.

I wanted to be common like bread:
so when the struggle came she wouldn't find me missing.

But here I am with what I loved,
with the solitude I lost:
but by this stone I don't rest.

The sea works in my silence.

MAREMOTO / SEAQUAKE

TRANSLATED BY
MARIA JACKETTI & DENNIS MALONEY

Maremoto

Los relojes del mar,
las alcachofas,
las alcancías con sus llamaradas,
los bolsillos del mar
a manos llenas,
las lámparas del agua,
los zapatos, las botas
del océano,
los cefalópodos, las holoturias,
los recalcitrantes cangrejos,
ciertos peces que nadan y suspiran,
los erizos que salen
de los castaños del profundo mar,
los paraguas azules del océano,
los telegramas rotos,
el vals sobre las olas,
todo me lo regala el maremoto.

Las olas regresaron a la Biblia:
hoja por hoja el agua se cerró:
volvío al centro del mar toda la cólera,
pero entre ceja y ceja me quedaron
los variados e inútiles tesoros
que me dejó su amor desmantelado
y su rosa sombría.

Toquen este producto:
aquí mis manos trabajaron
diminutos sarcófagos de sal
destinados a seres y substancias,
feroces en su cárdena belleza,
en sus estigmas calcáreos,
fugaces
porque se alimentarán
nosotros y otros seres
de tanta flor y luz devoradoras.

Lo que dejó en la puerta el maremoto,
la frágil fuerza, el ojo submarino,
los animales ciegos de la ola,
me inducen al conflicto,
al ven y ven y aléjate, o tormento,
a mi marea oculta por el mar.

Seaquake

The clocks of the sea,
the artichokes,
the blazing money boxes,
the pockets of the sea
full of hands,
the lamps of water,
the shoes and boots
of the ocean,
the mollusks, the sea cucumbers,
the defiant crabs,
certain fish that swim and sigh,
the sea urchins that exit,
the deep sea's chestnuts,
the ocean's azure umbrellas,
the broken telegrams,
the waltz over the waves,
the seaquake gives all of this to me.

The waves returned to the Bible:
page by page the water closed:
all anger returned to the sea's center,
but between my eyes what remains
are the varied and useless treasures
that the sea left me, the ocean's dismantled love
and shadowy rose.

Touch this harvest:
here my hands worked
the diminutive tombs of salt
destined for being and substances,
ferocious in their livid beauty
in their limestone stigmas,
fugitives,
because they will feed us
and other beings
with so much flowering and devouring light.

What the seaquake left at the door,
the fragile force, the submarine eye,
the blind animals of the wave,
push me into the conflict,
Come! And come! Bid farewell! Oh tempest,
to my tide hidden by the sea.

Mariscos resbalados en la arena,
brazos resbaladizos,
estómagos del agua,
armaduras abiertas a la entrada
de la repetición y el movimiento,
púas, ventosas, lenguas,
pequeños cuerpos fríos,
maltratados
por la implacable eternidad del agua,
por la ira del viento.

Ser y no aquí se amalgamaron
en radiantes y hambrientas estructuras:
arde la vida y sale
a pasear un relámpago la muerte.
Yo sólo soy testigo
de la electricidad y la hermosura
que llenan el sosiego devorante.

Picoroco

El picoroco encarcelado
está en una torre terrible,
saca una garra azul, palpita
desesperado en el tormento.

Es tierno adentro de su torre:
blanco como harina del mar
pero nadie alcanza el secreto
de su frío castillo gótico.

Cockles spilled on the sand,
slippery arms,
stomachs of water,
armor open at the entrance
of the repetition and the movement,
quills, suction cups, tongues,
little cold bodies,
abused
by the implacable eternity of water,
by the wind's anger.

Here, being and not being were combined
in radiant and hungry structures:
life burns and death passes,
like a flash of lightning.
I am the only witness
to the electricity and the splendor
that fills the devouring calmness.

The Picoroco

The picoroco imprisoned
in a terrible tower,
extends a blue claw, palpitates,
desperate in the storm.

The picoroco is tender inside its tower:
white as flour of the sea
but no one can reach the secret
of its cold gothic castle.

*Picoroco–A Chilean shellfish

Alga

Yo soy un alga procelaria
combatida por las mareas:
me estremecieron y educaron
los movimientos del naufragio
y las manos de la tormenta:
aquí tenéis mis flores frías:
mi simulada sumisión
a los dictámenes del viento:
porque yo sobrevivo al agua,
a la sal, a los pescadores,
con mi elástica latitud
y mi vestidura de yodo.

Erizo

El erizo es el sol del mar,
centrífugo y anaranjado,
lleno de púas como llamas,
hecho de huevos y de yodo.

El erizo es como el mundo:
redondo, fragil, escondido:
húmedo, secreto y hostil:
el erizo es como el amor.

Estrellas

Cuando en el cielo las estrellas
desestiman el firmamento
y se van a dormir de día,
las estrellas de agua saludan
al cielo enterrado en el mar
inaugurando los deberes
del nuevo cielo submarino.

Seaweed

I am the seaweed of the storm
dashed by the surf:
the stirrings of shipwrecks
and the storm's hands
moved and instructed me:
here you have my cold flowers,
my simulated submission
to the wind's judgment:
I survive the water,
the salt, the fishermen,
with my elastic latitude,
and my vestments of iodine.

The Sea Urchin

The sea urchin is the sun of the sea,
centrifugal and orange,
full of quills like flames,
made of eggs and iodine.

The sea urchin is like the world:
round, fragile, hidden:
wet, secret, and hostile:
the sea urchin is like love.

Starfish

When the stars in the sky
ignore the firmament
and go off to sleep by day,
the stars of the water greet
the sky buried in the sea
inaugurating the duties
of the new undersea heavens.

Conchas

Conchas vacías de la arena
que dejó el mar cuando se fue,
cuando se fue el mar a viajar,
a viajar por los otros mares.

Dejó las conchas marineras,
pulidas por su maestría,
blancas de tanto ser besadas
por el mar que se fue de viaje.

Langostino

Alto! casuales leopardos
de las orillas, asaltantes
curvos como alfanjes rosados
de la crudeza submarina,
mordiendo todos a la vez,
ondulando como la fiebre
hasta que caen en la red
y salen vestidos de azul
a la catástrofe escarlata.

Caracola

La caracola espera el viento
acostada en la luz del mar:
quiere una voz de color negro
que llene todas las distancias
como el piano del poderóso,
como la bocina de Dios
para los tetos escolares:
quiere que soplen su silencio:
hasta que el mar inmovilice
su amarga insistencia de plomo.

Shells

Empty shells of the sand,
that the sea abandoned when it receded,
when the sea left to travel,
to travel through other seas.

The ocean cast off sea shells
polished by its mastery,
whitened by so many kisses
from the waves that left to travel.

Crayfish

Stop! Casual leopards
of the seashore, curved
assailants like rosy swords
from the undersea roughness,
all biting at the same time,
undulating like fever
until they all tumble into the net
and exit dressed in blue
destined for scarlet catastrophe.

Conch Shell

The conch shell awaits the wind
asleep in the sea's light:
it wants a black-colored voice
that may fill all the distances
like the piano of the powerful,
like God's horn
for the scholarly books:
it wants to blow away their silence
until the sea immobilizes
their bitter insistence of lead.

Foca

El nudo de la zoología
es esta foca funcional
que vive en un saco de goma
o en la luz negra de su piel.

Circulan adentro de ella
los movimientos inherentes
a la monarquía del mar
y se ve a este ser encerrado
en la gimnasia del tormento
descubrir el mundo rodando
por las escaleras de hielo
hasta mirarnos con los ojos
más penetrantes del planeta.

Anemona

La flor del peñasco salado
abre y cancela su corona
por la voluntad de la sal,
por el apetito de agua.

O corola de carne fría
y de pistilos vibradores
anémona viuda, intestino.

Jaiva

La jaiva color de violeta
acecha en un rincón del mar:
sus tenazas son dos enigmas:
su apetito es un agujero.

Luego agoniza su armadura
en la sopera del infierno
y ahora no es más que una rosa:
la rosa roja comestible.

Seal

The knot of zoology
is this functional seal
that lives in a sack of rubber
or inside the black light of its skin.

Inside of her,
inherent movements circulate
to the sea's kingdom
and one sees this enclosed being
in the storm's gymnasium,
discovering the world encircled
by staircases of ice,
until she gazes at us with
the planet's most penetrating eyes.

The Sea Anenome

The flower of the salty boulder
opens and cancels its crown
by the will of salt
with water's appetite.

Oh corolla of cold flesh
and vibrating pistils,
widow-anenome, intestine.

Jaiva

The violet-colored crab
lurks in the corner of the sea:
its pincers are the two enigmas:
its appetite is an abyss.

Later its armor agonizes
in a hellish bowl
and now it is nothing more than a rose:
the delectable red rose.

Delfín de Bronce

Si cayera al mar el delfín
se iría al fondo, caería
con su volumen amarillo.

Entre los peces de verdad
sería un objeto extranjero,
un pez sin alma y sin idioma.

Hasta que el mar lo devorara
royendo sui orgullo de bronce
y convirtiéndolo en arena.

Pulpos

O pulpo, o monje encarnizado,
la vibración de tu atavió
circula en la sal de la roca
como un satánico desliz.
O testimonio visceral,
ramo de rayos congelados,
cabeza de una monarquía
de brazos y presentimientos:
retrato del escalofrío,
nube plural de lluvia negra.

The Bronze Dolphin

If the dolphin fell into the sea
it would sink to the bottom, plummet
with its yellow weight.

Among true fish
it would be a foreign object,
a fish without soul, without language

until the sea would devour it,
gnawing on its bronze pride,
converting it into sand.

Octopus

Octopus, oh blood-colored monk,
the fluttering of your robe
circulates on the salt of the rock
like a satanic slickness.
Oh visceral testimony,
branch of congealed rays,
monarchy's head
of arms and premonitions:
portrait of the chill,
plural cloud of black rain.

Sol de Mar

Yo encontré en Isla Negra un día
un sol acostado en la arena,
un sol centrífugo y central
cubierto de dedos de oro
y ventosas como alfileres.

Recogí el sol enarenado
y levantándolo a la luz
lo comparé con el del cielo.

No se miraron ni se vieron.

Albacoras

La puerta del mar custodiada
por dos albacoras marinas
se han abierto de par en mar,
se han abierto de mar en par
se han abierto de par en par.

Las albacoras son de Iquique
y son del océano azul
que llega hasta Vladivostock
y que crece desde mis pies.

Las albacoras centinelas
de espadas longitudinales
cerraron la puerta del mar
y se disponen á velar
para que no entren los sistemas
en el desorden del océano.

Sun of the Sea

One day at Isla Negra I found
a sun sleeping in the sand,
a centrifugal and central sun
covered with fingers of gold
and windswept needles.

I picked up the sandy sun
and raised it to the light,
comparing it to the sun in the sky.

They didn't see each other.

Albacores

The door of the sea is guarded
by two deep sea albacores.
They have opened equally to the sea.
They have opened the sea equally.
They have completely opened.

The albacores hail from Iquique;
they come from the blue ocean
that reaches as far as Valdivostok
and that swells at my feet.

The albacore sentinels
with their lengthwise swords
have closed the door of the sea
and prepared themselves to keep watch
so that order does not enter
the ocean's chaos.

Pescaderia

Cuelgan los peces de la cola,
brillan los peces derramados,
demuestran su plata los peces,
aún amenazan los cangrejos.
Sobre el mesón condecorado
por las escamas submarinas
sólo falta el cuerpo del mar
que no se muere ni se vende.

Adios de los Productos del Mar

Volved, volved al mar
desde estas hojas!

Peces, mariscos, algas
escapadas del frío,
volved a la cintura
del Pacífico,
al beso atolondrado
de la ola, a la razón
secreta de la roca!

O escondidos,
desnudos, sumergidos,
deslizantes,
es hora
de dividirnos y separarnos:
el papel me reclama,
la tinta, los tinteros,
las imprentas, las cartas,
los cartones,
las letras y los números
se amontonaron en cubiles desde
donde
me acechan: las mujeres
y los hombres
quieren mi amor, piden mi compañia
los ninos de Petorca,
de Atacama, de Arauco,

Fish Market

Fish hang by their tails,
the spilled fish shine,
the fish display their silver,
even the crabs still threaten.
On the huge decorated table,
through the submarine scales,
only the body of the sea is missing.
It does not die; it is not for sale.

Farewell to the Offerings of the Sea

Return, return to the sea
from these pages!

Fishes, mollusks, seaweed,
escapees from the cold,
return to the waist
of the Pacific,
to the giddy kiss
of the wave, to the secret
logic of rock.

Oh hidden ones,
naked ones, submerged ones,
slippery ones,
it is the time
of division and separation:
paper reclaims me,
the ink, the inkwells,
the printing presses, the letters,
the illustrations,
the characters and numbers
jumbled in riverbeds from
where
they ambush me: the women,
and the men
want my love, ask for my company,
the children from Petorca,
from Atacama, from Arauco,

de Loncoche,
quieren jugar también con el poeta!

Me espera un tren, un buque
cargado de manzanas,
un avión, un arado
unas espigas.

Adiós, organizados
frutos del agua, adiós
camarones vestidos
de imperiales,
volveré, volveremos
a la unidad ahora
interrumpida.
Pertenezco a la arena:
volveré al mar redondo
y a su flora
y su furia:
ahora me voy
silbando
por las calles.

from Loncoche,
also want to play with the poet!

A train waits for me, a ship
loaded with apples,
an airplane, a plough,
some thorns.
Goodbye, harvested
fruits of the water, farewell,
imperially dressed
shrimps,
I will return, we will return
to the unity
now interrupted.
I belong to the sand:
I will return to the round sea
and to its flora
and to its fury:
but for now—I'll wander
whistling
through the streets.